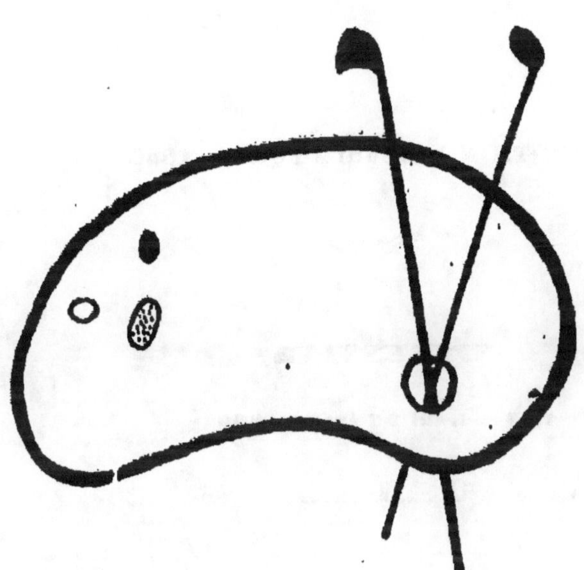

DÉBUT D'UNE SÉRIE DE DOCUMENTS
EN COULEUR

TABLEAUX

MODERNES

EXPOSITION le Jeudi 2 Février 1860

VENTE

Le Vendredi 3 Février 1860

Mᵉ Eugène ESCRIBE, Commissaire-Priseur;
M. François PETIT, Expert.

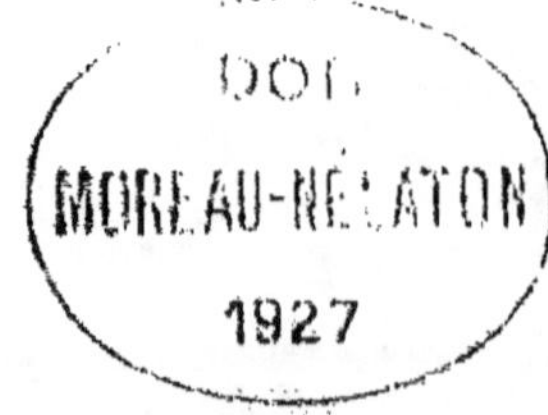

RENOU ET MAULDE, IMPRIMEURS DE LA COMPAGNIE DES COMMISSAIRES-PRISEURS
144, rue de Rivoli.

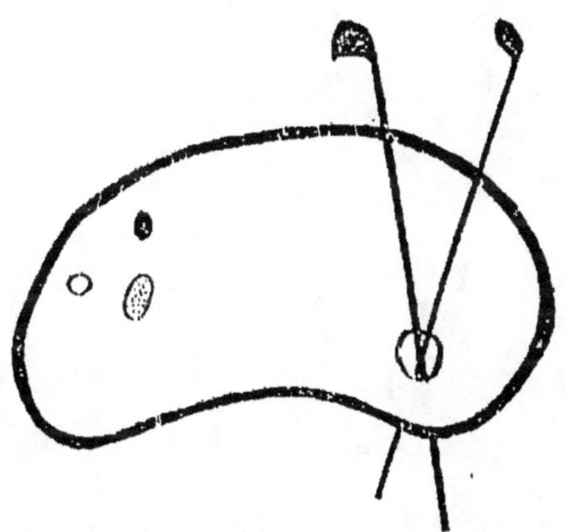

FIN D'UNE SÉRIE DE DOCUMENTS
EN COULEUR

CATALOGUE

DE

TABLEAUX

MODERNES

DONT LA VENTE AURA LIEU

HOTEL DROUOT, SALLE N° 5

Le Vendredi 3 Février 1860,

A 2 HEURES 1/2 PRÉCISES

Par le ministère de M° **EUGÈNE ESCRIBE**, Commissaire-Priseur,
Successeur de MM. Pouchet et Ruel, rue Saint-Honoré, 217,

Assisté de M. **Francis PETIT**, Expert, rue de Provence, 43,

CHEZ LESQUELS SE DISTRIBUE LE PRÉSENT CATALOGUE.

EXPOSITION PUBLIQUE

Le Jeudi 2 Février 1860, de une heure à cinq heures.

PARIS

RENOU & MAULDE

IMPRIMEURS DE LA COMPAGNIE DES COMMISSAIRES-PRISEURS

rue de Rivoli, 144.

1860

CONDITIONS DE LA VENTE

Elle sera faite au comptant.

Les acquéreurs payeront, en sus des adjudications, cinq pour cent applicables aux frais.

DÉSIGNATION

DES

TABLEAUX

ANDRIEUX

255. 1 — Une Bataille.

H. 60 c. L. 107 c.

90. 2 — Chevaux à l'abreuvoir.

H. 23 c. L. 37 c.

345

BARON

3 — Jeune Femme jouant avec un chien.

H. 22 c. L. 15 c.

R. 845.

BERCHÈRE

160.

4 — Cavaliers arabes près d'une fontaine.

2 0 0.

H. 36 c. L. 60 c.

BRASCASSAT

5 — Nature morte, Gibier.

H. 47 c. L. 60 c.

BRENDEL

6 — Intérieur d'une bergerie.

H. 27 c. L. 33 c.

CHAVET

365.

7 — La Leçon de musique.

320.

H. 33 c. L. 27 c.

COROT

935.
1085.

8 — Bords d'un étang.

130.

H. 21 c. L. 33 c.

1370.

COROT

9 — Environs de Genève.

H. 24 c. L. 37 c.

COUTURE

10 — Glaneuse.

H. 110 c. L. 83 c.

11 — Mme ***.

DAUBIGNY

12 — Paysage.

Étude d'après nature.

H. 31 c. L. 48 c.

DECAMPS

13 — Mendiante.

H. 41 c. L. 31 c.

DE DREUX (A.)

14 — Cheval de la reine Victoria.

H. 88 c. L. 116 c.

DELACROIX (EUG.)

15 — Lion étreignant un serpent.

H. 46 c. L. 50 c.

16 — Hamlet et Ophélia.

H. 29 c. L. 72 c.

17 — Jeune Tigre effrayé par un serpent.

H. 24 c. L. 32 c.

DELESTRE

18 — Scène tirée du *Faucon*.

(Conte de LA FONTAINE.)

H. 61 c. L. 50 c.

DIAZ

19 — Sainte Famille.

H. 68 c. L. 5? c.

DIAZ

20 — Orientale.

H. 36 c. L. 20.

21 — Paysage.

H. 24 c. L. 35 c.

FAUVELET

22 — Un Fumeur.

H. 21 c. L. 16 c.

FLERS

23 — Bords d'un étang.

H. 23 c. L. 35 c.

FORTIN

24 — Le Déjeûner du garde chasse.

H. 37 c. L. 28 c.

FRÈRE (TH.)

25 — Caravane traversant le désert.

H. 82 c. L. 64 c.

FRÈRE (TH.)

26 — Paysage d'Orient.

H. 23 c. L. 35 c.

GUIGNET (ADRIEN)

27 — Soldat en vedette.

H. 25 c. L. 20 c.

28 — Un Bivouac.

H. 34 c. L. 28 c.

29 — Une Sentinelle.

H. 9 c. L. 12 c.

HAMMAN

30 — Il ne viendra plus.

H. 48 c. L. 30 c.

HUGUET

31 — Bords du Nil, soleil couchant.

H. 35 c. L. 60 c.

ISABEY

32 — Un grain.

H. 43 c. L. 61 c.

33 — Marine, côte de Normandie.

H. 48 c. L. 67 c.

JACQUE

34 — Troupeau de moutons sortant d'un bois.

H. 37 c. L. 25 c.

35 — Chevaux de ferme à l'écurie.

H. 29 c. L. 40 c.

LAZERGES

36 — Femme mauresque.

H. 40 c. L. 32 c.

37 — Jeune Arabe fumant.

H. 27 c. L. 32 c.

LONGUET

38 — Jeune Femme et son enfant.

H. 38 c. L. 26 c.

LUMINAIS

39 — L'Image de la Vierge.

Scène bretonne.

H. 40 c. L. 32 c.

MILLET

40 — Une Baigneuse.

H. 17 c. L. 32 c.

41 — Femme battant le beurre.

H. 29 c. L. 12 c.

NOEL (J.)

42 — Vue de Constantinople.

H. 37 c. L. 52 c.

PAPETY

260.   43 — Italienne tenant un bouquet.

H. 14 c. L. 12 c.

PEZOUS

44 — Le Dimanche.

H. 25 c. L. 41 c.

REYNAUD

45 — Les Joueurs de boules.

Environs de Marseille.

H. 25 c. L. 47 c.

LA ROCHENOIRE

46 — La Dernière étape.

H. 16 c. L. 21 c.

ROUSSEAU (PH.)

47 — Intérieur de cuisine.

H. 27 c. L. 41 c.

48 — Paysage, effet de soir.

H. 19 c. L. 33 c.

TASSAERT

49 — La Dernière prière.

H. 45 c. L. 36 c.

50 — Le Printemps.

H. 40 c. L. 33 c.

51 — L'Enfant prédestiné.

H. 40 c. L. 30 c.

52 — Une Léda.

H. 56 c. L. 82 c.

TASSAERT

53 — Le Moment suprême.

H. 40 c. L. 32 c.

TROYON

54 — Vache blanche.

H. 52 c. L. 65 c.

55 — Le Retour à la ferme.

H. 63 c. L. 48 c.

56 — Vache et Taureau couché.

H. 55 c. L. 46 c.

VEYRASSAT

57 — Une Cour de ferme.

H. 17 c. L. 31 c.

58 — Une Église de village.

H. 14 c. L. 11 c.

ZIEM

59 — Mare au bord d'un bois.

H. 62 c. L. 104 c.

60 — Constantinople, effet du soir.

H. 42 c. L. 70 c.

61 — Marine, effet du matin.

H. 46 c. L. 75 c.

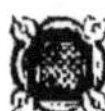

RENOU et MAULDE, Imprimeurs de la Compagnie des Commissaires-Priseurs, rue de Rivoli, 141.	7879

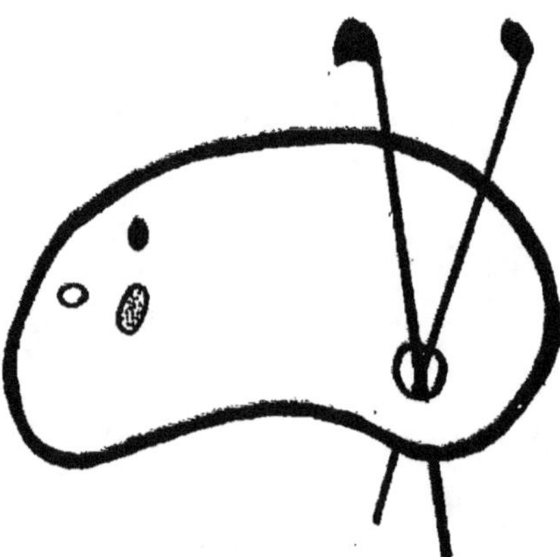